JAN 2010

THE CHICAGO PUBLIC LIBRARY
PORTAGE-CRAGIN BRANCH
5110 W. BELMONT AVENUE
CHICAGO, ILLINOIS 60641

El joven músico

Aprende
Trompeta
y los
vientos de metal

Editor
Panamericana Editorial Ltda.

Edición
Javier R. Mahecha López

Traducción
Michael J. Evans H.

Ilustraciones
Ron Hayward, David West y David Russell

Diseño de la serie
David West

Diseño
Tessa Barwick

Investigación de ilustraciones
Emma Krikler

Título original: Playing the Trumpet and Brass

El autor, Paul Archibald, es trompetista independiente y toca en las principales orquestas londinenses. Enseña en el Guild Hall School of Music, el London College of Music, y el Royal Military School of Music.

El consultor, Michael Short, es compositor y maestro de medio tiempo de historia de la música en el Royal Military School of Music, Knellar Hall.

Primera edición en Gran Bretaña por Aladdin Books, 2003
Primera edición en Panamericana Editorial Ltda., agosto de 2005

Derechos de autor © de la música Paul Archibald 1993 a menos que se indique de otra forma.
© Aladdin Books
2/3 FITZROY MEWS, London W1T 6DF
© Panamericana Editorial Ltda.
Calle 12 N° 34-20 Tel.:3603077 - 2770100
Fax: (57 1) 2373805
Correo electrónico:panaedit@panamericanaeditorial.com
www.panamericanaeditorial.com
Bogotá D. C., Colombia

ISBN: 958-30-1532-6

Todos los derechos reservados.
Prohibida su reproducción total o parcial, por cualquier medio, sin permiso del Editor.

Impreso por Panamericana Formas e Impresos S.A.
Calle 65 N°95-28 Tel.: 4302110 - 4300355,
Fax: (57 1) 2763008
Quien sólo actúa como impresor

Impreso en Colombia   Printed in Colombia

Contenido

INTRODUCCIÓN	4
COMENCEMOS	6
EMBOCADURA	8
LEE LA MÚSICA	10
SIGUE EL COMPÁS	12
USA TU LENGUA	14
RESPIRACIÓN	16
BEMOLES Y SOSTENIDOS	18
DIGITACIÓN	20
RUTINA DE ESTUDIO	22
TOCAR ACOMPAÑADO	24
EL MUNDO DE LA TROMPETA	26
LA TROMPETA Y LOS METALES	28
COMPOSITORES Y TROMPETISTAS	30
GLOSARIO	31
ÍNDICE	32

Archibald, Paul
  Aprende Trompeta y los vientos de metal / Paul Archibald; ilustraciones Ron Hayward, David West, David Russell. — Bogotá: Panamericana Editorial, 2004.
  32 p. : il. ; 9 cm. — (El joven músico)
  ISBN 958-30-1532-6
  1. Trompeta - Enseñanza 2. Instrumentos de metal I. Hayward, Ron, il. II. West, David, il. III. Russell, David, 1921-   , il. IV. Tít V. Serie
788.1 cd 20 ed.
AHY5083

  CEP-Banco de la República-Biblioteca Luis Ángel Arango

El joven músico

Aprende
Trompeta
y los
vientos de metal

Paul Archibald

Traducción:
Michael J. Evans H.

Introducción

¡Bienvenido al emocionante mundo de la trompeta! Como podrás comprobarlo cuando empieces a tocar, la trompeta tiene un sonido único, brillante y hermoso. Puede dar notas muy agudas o muy graves. Toma muchas horas de práctica llegar a ser un experto, pero al finalizar este libro tendrás bases firmes para lograrlo.

La trompeta pertenece a la familia de los vientos de metal, así como el trombón, la tuba y la trompa francesa. Básicamente consta de un largo tubo cilíndrico que termina en un pabellón o campana en un extremo y con una boquilla en el otro. El aire vibra al pasar por el tubo y emite sonidos.

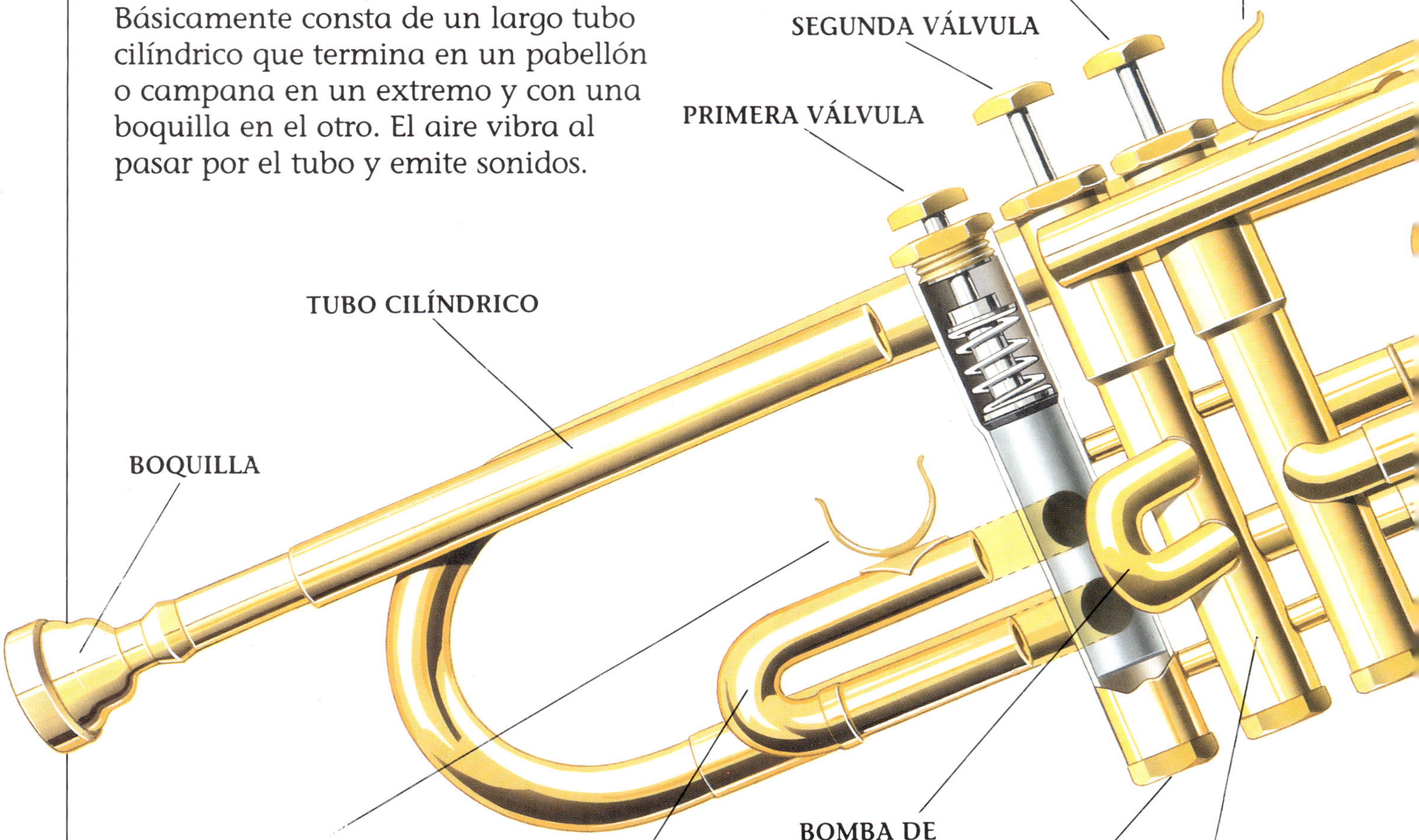

- TERCERA VÁLVULA
- GANCHO PARA DEDO
- SEGUNDA VÁLVULA
- PRIMERA VÁLVULA
- TUBO CILÍNDRICO
- BOQUILLA
- GANCHO DE PRIMERA VÁLVULA
- BOMBA DE PRIMERA VÁLVULA
- BOMBA DE SEGUNDA VÁLVULA
- TAPÓN DE VÁLVULA
- CUBIERTA DE VÁLVULA

ARGOLLA DE TERCERA VÁLVULA

LLAVE DE DESAGÜE

BOMBA DE AFINACIÓN

BOMBA DE TERCERA VÁLVULA

CÓMO FUNCIONA LA VÁLVULA

El aire que entra por la boquilla de la trompeta pasa a lo largo del instrumento y emerge por el pabellón, como se muestra abajo. La válvula, en el centro, es un dispositivo que permite que el aire pase por una prolongación del tubo llamada bomba. Por ejemplo, cuando se presiona la tercera válvula, los agujeros dentro de la válvula permiten que el aire pase a través de la bomba de la tercera válvula, como se muestra aquí. Esto hace que el tono del instrumento sea más grave, pues cuanto más largo sea el tubo por el cual pasa el aire, el tono es más bajo. Como puedes ver en el dibujo de arriba (derecha), las tres bombas de válvula son de diferentes dimensiones: corta, mediana y larga. Esto hace que el tono vaya bajando paulatinamente.

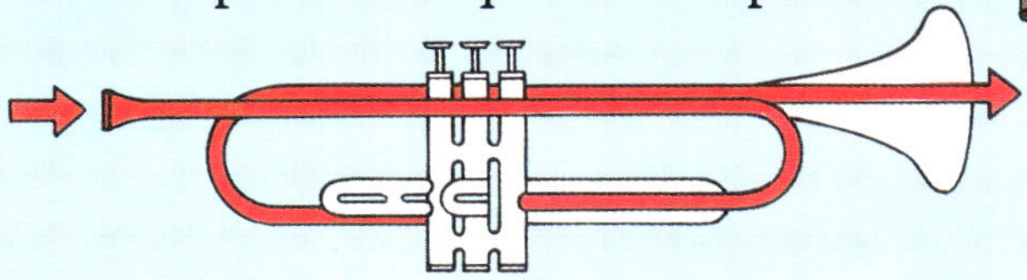

5

Comencemos

Tu trompeta debe venir con una boquilla por separado y dentro de un estuche resistente, ya que es un instrumento de metal muy delicado. Cualquier abolladura podría afectar el sonido de tu trompeta.

UBICACIÓN DE LA MANO IZQUIERDA

Sostén la trompeta con tu mano izquierda, envolviendo la cubierta de las válvulas. Tu pulgar izquierdo debe ir en el gancho de la primera válvula, y tu cuarto dedo en la argolla (si tiene). El peso del instrumento está sobre tu dedo índice, debajo del tubo.

TU MANO DERECHA

Coloca tu meñique de la mano derecha en el gancho para el dedo, como se muestra en la fotografía de abajo. Pon tus tres dedos del medio en las válvulas y tu pulgar en la cubierta de las válvulas. Tu mano derecha no debe sentir el peso del instrumento, y debes mantenerla lo más relajada posible.

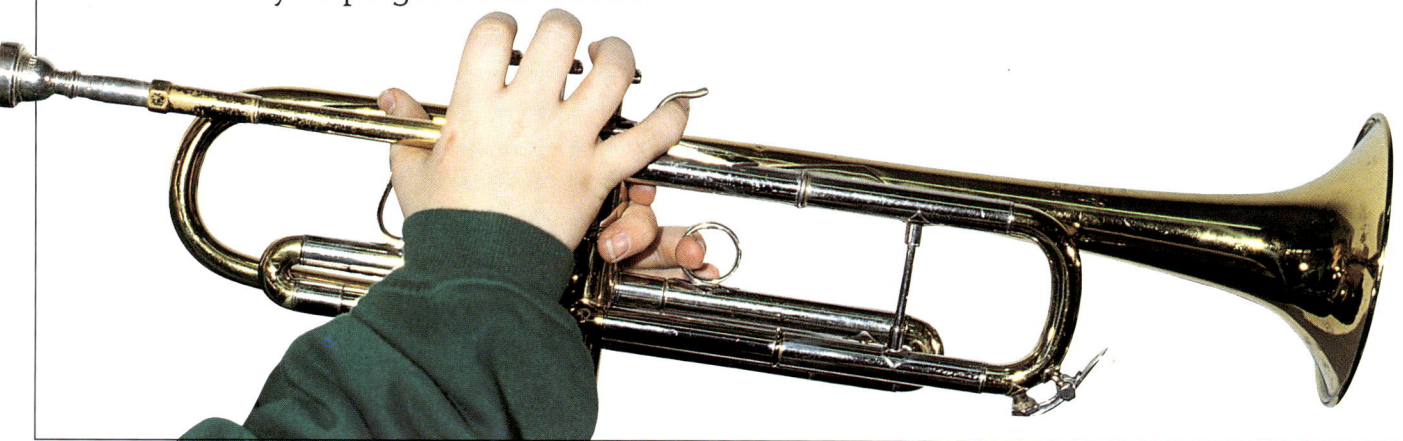

POSTURA SENTADO
Usa una silla que te permita mantener ambos pies en el suelo. Siéntate en la silla con tu espalda tan recta como puedas. Trata de no apoyarte en el espaldar. Relájate y trata que el pabellón esté levantado.

POSTURA DE PIE
Asegúrate de que tus pies estén pegados al suelo y sepáralos unos centímetros. Mantén todo tu cuerpo, incluyendo tu cabeza, tan recto como puedas. Imagínate que el tubo de la trompeta es una prolongación de tu nariz y no dejes caer el pabellón.

Sugerencia:
Si sientes que la trompeta se pone muy pesada y te empiezan a doler los hombros, ponla a un lado y mueve los hombros hacia arriba y hacia abajo rápidamente. Te sentirás mejor.

CUIDA TU TROMPETA 
El cuidado de tu trompeta es muy importante. Cuando termines de tocar, remueve la boquilla y coloca el instrumento en su estuche. Lubrica las válvulas de vez en cuando con aceite especial. Asegúrate de que todas las bombas funcionen bien. Si es necesario, aplícales crema o aceite para trompeta. Al menos cada dos semanas enjuágala con agua caliente y jabón liquido. Si sacas las válvulas, ordénalas con cuidado para que no se confundan. Seca el instrumento con un paño suave.

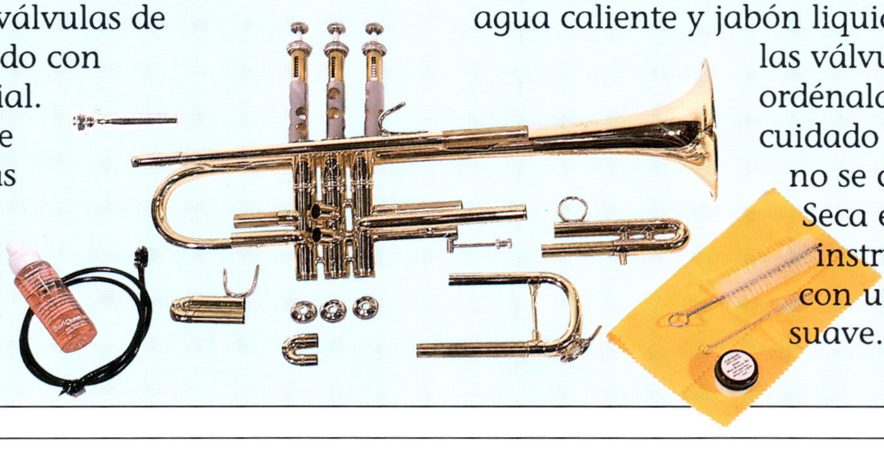

Embocadura

Se llama embocadura a la forma que le das a tus labios al tocar la trompeta. Es la base para tocar este instrumento, así que debes hacerlo bien desde el principio. Si usas los labios correctamente producirás sonidos a través de la trompeta *zumbando*, no soplando.

EL *ZUMBIDO*

Si tomas dos láminas de pasto entre tus dos pulgares y soplas, emitirán un suave chillido. Esto ocurre porque las dos láminas están vibrando velozmente. Al tocar la trompeta pasa lo mismo, pero no usamos pasto sino los labios.

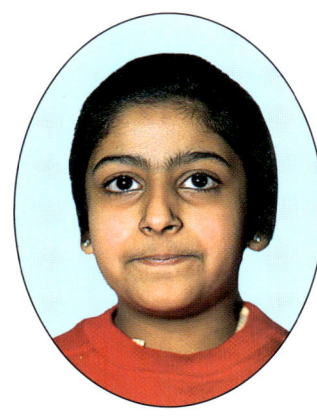

Mira la fotografía y pon los labios de la misma manera para generar un zumbido, como una abeja. Puedes demorarte un poco en lograrlo, pero sigue intentándolo. Como puedes ver, las esquinas de tu boca deben estar templadas.

Una vez te sientas cómodo con el zumbido, coloca la boquilla en tus labios como se muestra aquí. Sitúala en la mitad de tu boca cubriendo ambos labios. No dejes de usar el *zumbido* al poner la boquilla en tus labios.

Que la boquilla no esté hacia un lado como en la fotografía, sino en el centro de tu boca. No la sitúes demasiado en el labio superior, solamente la mitad debe estar allí y la otra mitad en el labio inferior. ¡Nunca infles los cachetes!

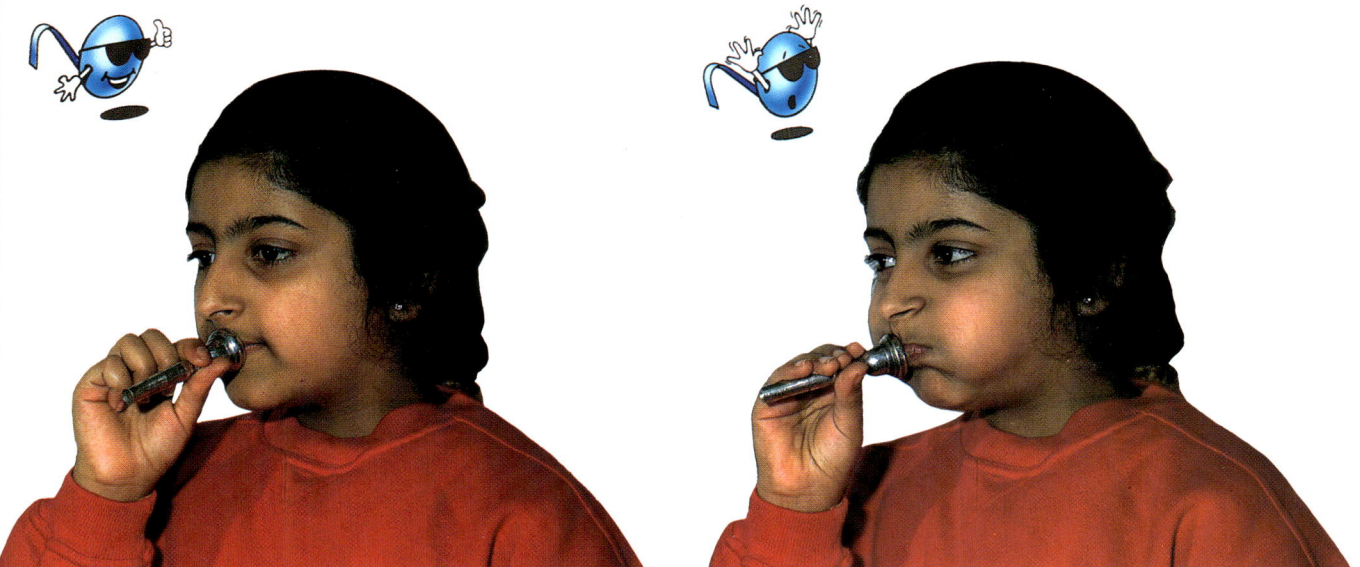

PRIMERAS NOTAS

¡Por fin estamos listos! Vuelve a poner la boquilla en la trompeta. Empieza a *zumbar* y pon la boquilla en el centro de tu embocadura. Ya se escucha tu primera nota; probablemente será el do central. No te preocupes si no resulta enseguida; pronto te acostumbrarás a la vibración de tus labios.

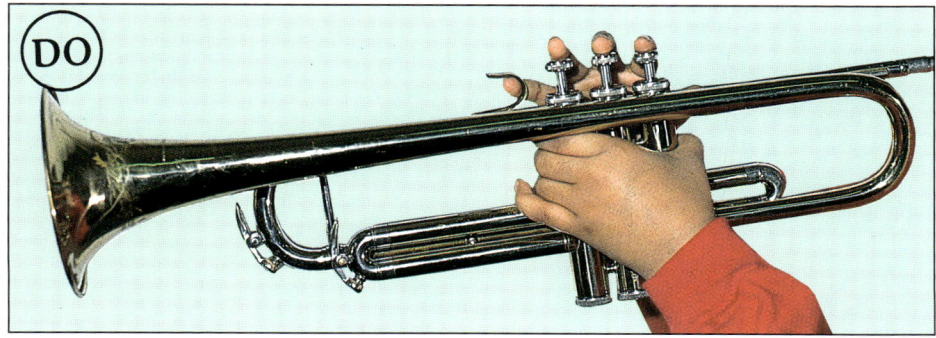

Do central es una nota natural porque no se presiona ninguna válvula. En la partitura se ve así.

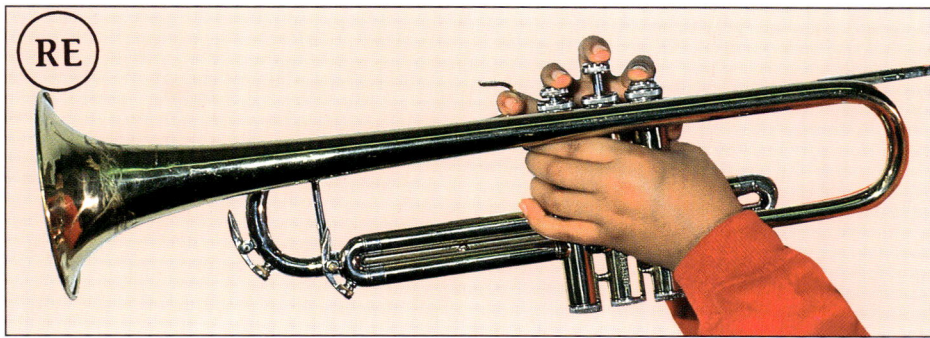

Para conseguir la nota re, presiona la primera y tercera válvula con zumbido. Re es más aguda que do y se escribe en el espacio de arriba.

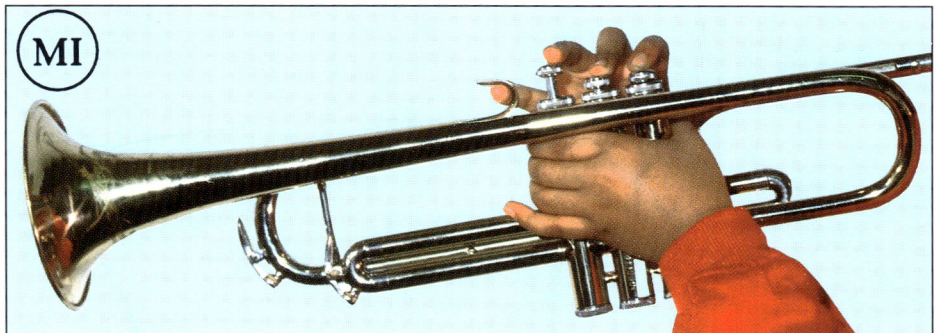

Presiona la primera y segunda válvulas para oír mi. Es más aguda que re y se escribe sobre la línea arriba de ésta.

LAS PRIMERAS TROMPETAS NATURALES

Las trompetas y trompas se originaron antes de la era romana. La utilizaban los soldados en batalla, en ceremonias y para la caza. Las primeras trompetas naturales carecían de válvulas (derecha), y solo podían tocar una pequeña gama de notas. Bach y Handel compusieron música muy aguda para la trompeta natural.

Lee la música

La música escrita parece complicada, pero en realidad es muy fácil. Las notas están representadas por puntos negros y blancos organizados en cinco líneas que se denominan pentagrama. El pentagrama se divide en unidades de tiempo conocidos como *compases*, y la clave de sol al principio indica la altura. La posición de la nota en el pentagrama dice qué tan aguda o tan grave es.

PARTITURAS

En música, las notas van de do a si. Después de si, se comienza de nuevo. De abajo hacia arriba, el nombre de las notas sobre las líneas en clave de sol son mi-sol-si-re-fa (recuérdalo diciendo "Mi sol si re-fresca fa-buloso"). Las notas entre los espacios de la clave de sol son fa-la-do-mi. La clave de sol es ese símbolo curvo al comienzo de la partitura.

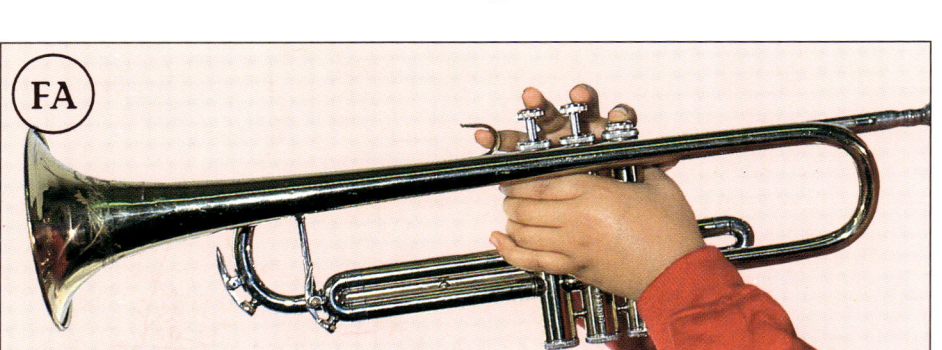

He aquí dos notas nuevas por aprender. La nota fa es más aguda que mi. Zumba y presiona la primera válvula.

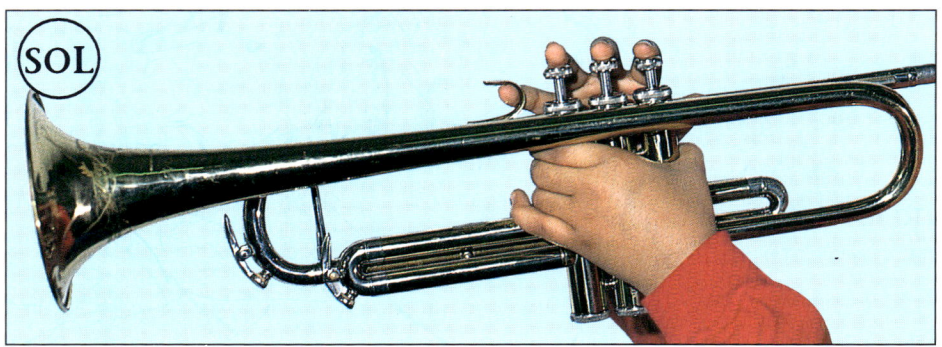

Sol, como do, es una nota natural y no se presiona ninguna válvula. Sol es más aguda que do. Asegúrate de diferenciarlas.

Ensaya las cinco notas.

Una vez te sientas cómodo tocando estas cinco notas, intenta el siguiente ejercicio en donde aprenderás tres notas nuevas: la, si y do alta. La digitación aparece debajo de las notas.

Esto es una *escala*. Consiste en tocar las siete notas regresando a la primera pero una octava (u ocho notas) más arriba. Intenta subir y bajar la escala, y después hazlo de memoria.

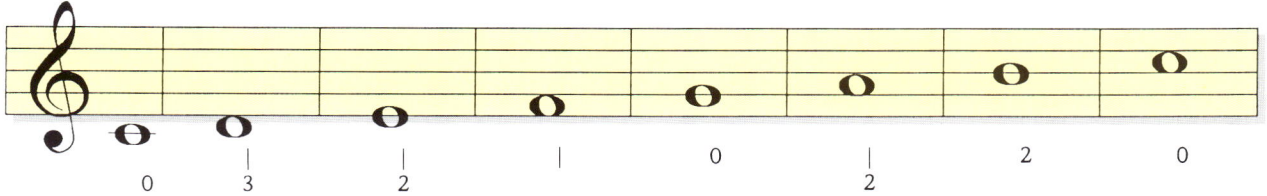

No te preocupes si notas que es difícil tocar todas las notas. Sólo toca las que te resulten fáciles. Las demás irán saliendo mientras te acostumbras al instrumento. Si puedes tocar todas las notas, prueba el ejercicio de abajo. ¿Puedes nombrar todas las notas de esta pieza?

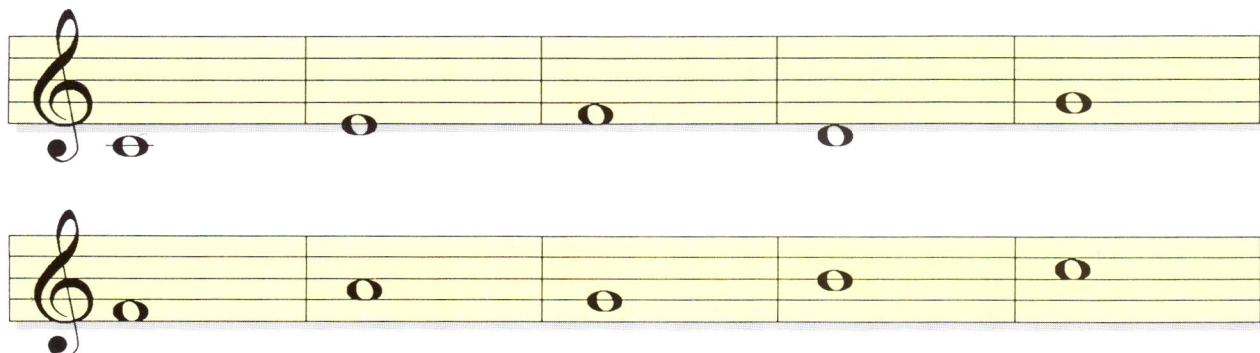

JOSEPH HAYDN

Joseph Haydn nació en Austria, en 1732. Su talento musical era obvio y fue aceptado como cantante de coro de la Catedral de San Esteban en Viena. En 1761 fue contratado por el noble príncipe Esterházy cerca de Viena. Este trabajo le permitió componer muchas sinfonías, cuartetos para cuerdas y conciertos. Un concierto es una pieza compuesta para un instrumento solista acompañado por una orquesta. El último concierto de Haydn fue compuesto en 1796, y era para trompeta. Es la obra más bella jamás compuesta para este instrumento.

Sigue el compás

Si te fijas en un reloj, notarás que tiene un tictac, o compás, constante. Lo mismo ocurre con la música que tocamos, sólo que mientras el compás es regular, el ritmo o duración de las notas cambia continuamente.

NOTAS LARGAS Y CORTAS

Las notas largas y cortas se representan con distintos símbolos en la partitura. La nota más larga que se ve aquí es la redonda, y la más corta es la corchea. En valores de tiempo, cada nota que se muestra acá vale el doble de la que está justo abajo. Intenta contar o palmear cada línea: cuenta cuatro para una redonda y dos para una blanca. Los ejercicios a continuación

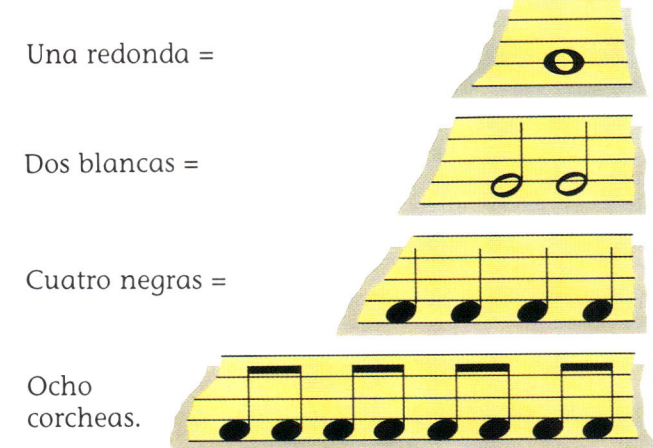

Una redonda =

Dos blancas =

Cuatro negras =

Ocho corcheas.

utilizan las notas que ya sabes, añadiéndole nuevos ritmos o valores de duración. Cuéntalas o palméalas antes de ensayarlas en tu trompeta.

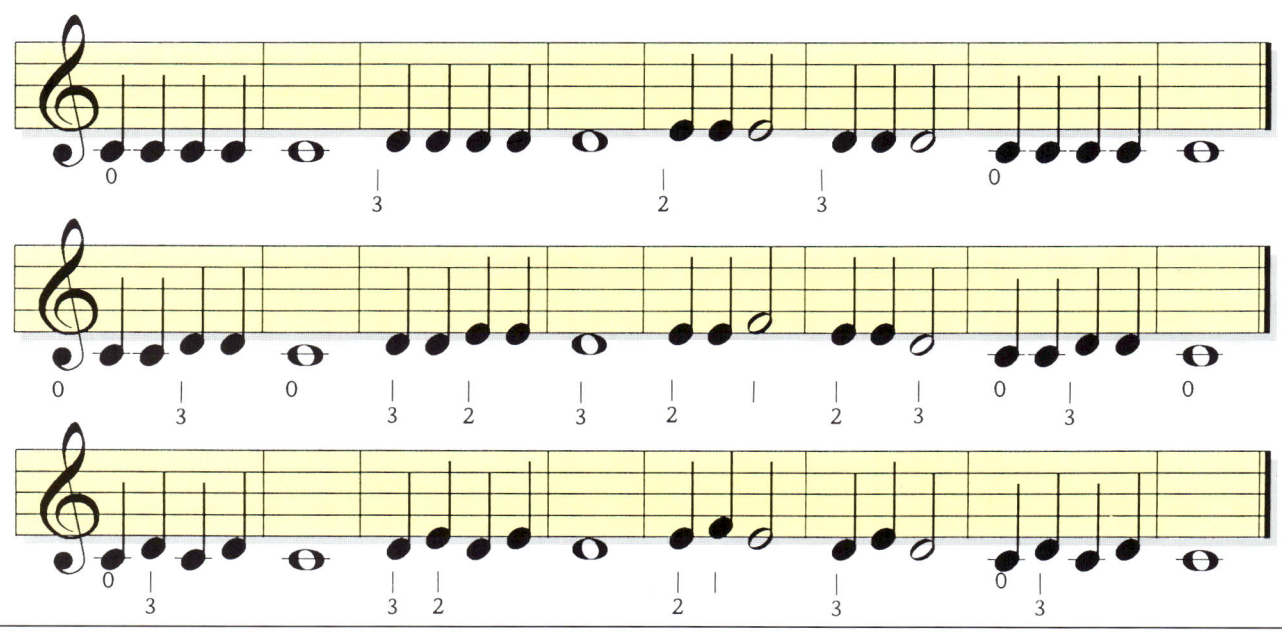

12

SILENCIOS

Como ya lo habrás notado, ¡todo esto te deja exhausto! Sin embargo, la ayuda viene en camino ya que existen silencios en música. Hay diferentes símbolos de silencio, como se muestra a la derecha, que corresponden a todos los valores de duración que has visto. Los silencios nos sirven cuando tenemos que respirar. Ensaya estos ejercicios que contienen símbolos de silencios.

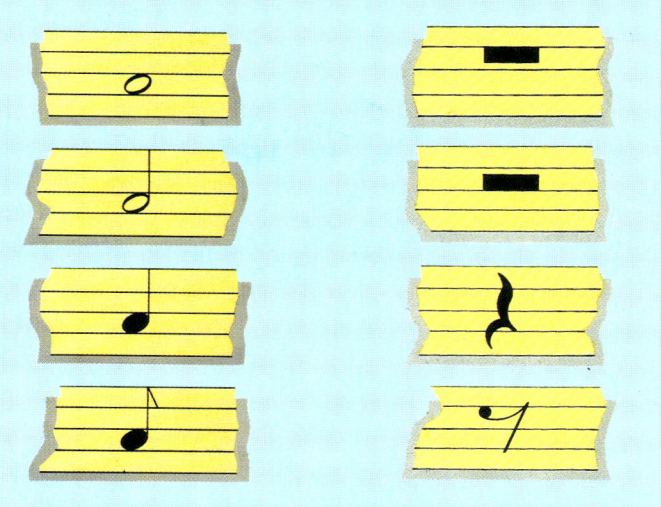

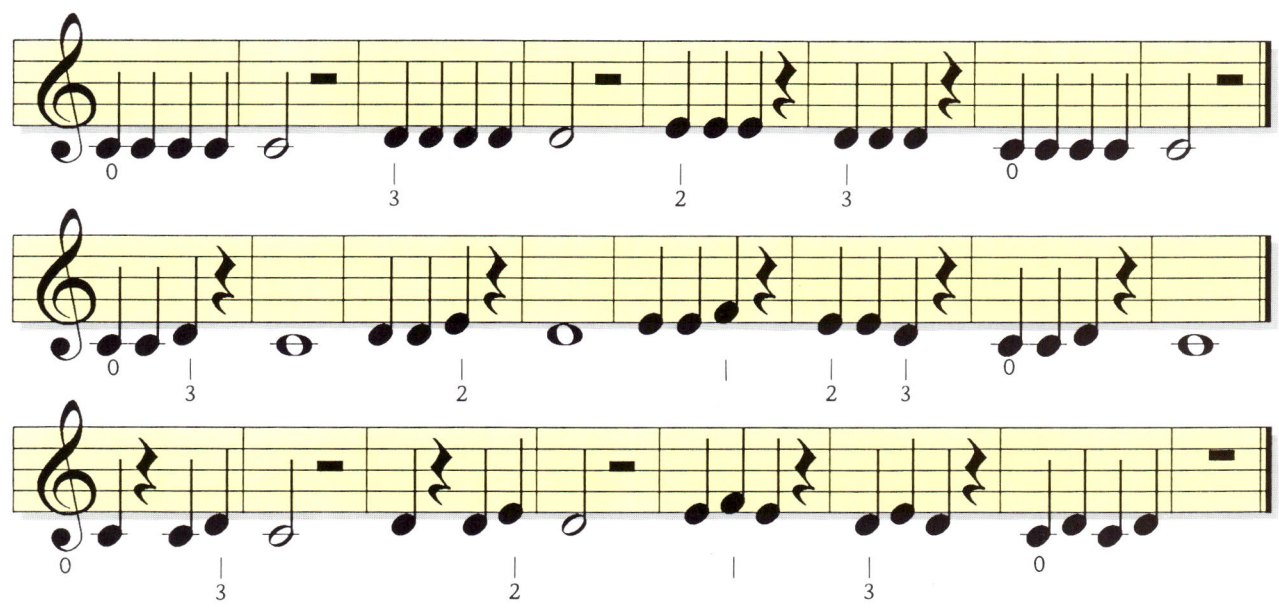

TROMPETA CLÁSICA

La trompeta como la conocemos hoy empezó a evolucionar con la invención de la válvula, a principios del siglo XIX. Esto significaba que la trompeta podía emitir más notas y no limitarse a unas cuantas. Compositores como Berlioz, Wagner, Ravel y Mahler empezaron a componer música complicada para trompeta. Al evolucionar la música, también lo hacía la familia de las trompetas.

Se inventaron instrumentos de diferentes dimensiones con distinto número de válvulas.

Usa tu lengua

La lengua desempeña un papel muy importante al tocar la trompeta. No sólo ataca el inicio de cada nota; también regula la altura de la nota. Ella decide si la nota será alta o baja. Cuando tocas la trompeta, tu lengua se mueve naturalmente hacia arriba al tocar notas más agudas.

EMISIÓN DE NOTAS
Los dos métodos más comunes de emitir notas son: pones la punta de tu lengua detrás de tus dientes superiores diciendo "ta", como se ve a la derecha; o pones la punta de tu lengua detrás de tus dientes inferiores y usas el centro de tu lengua para decir "da". Mueve tu lengua con rapidez para que te salga el *ataque* clara y nítidamente.

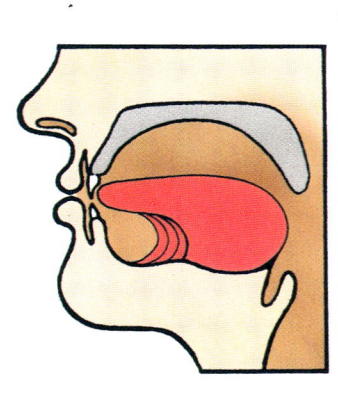

LA LENGUA Y LA ALTURA
La posición de la lengua afecta la altura de la nota. Al decir "ahh" con fuerza, pones tu lengua debajo de tu boca (izquierda). Así pones tu lengua cuando tocas do central. Si dices "iii" con fuerza, tu lengua se mueve más arriba (derecha). Así la pones para tocar do agudo.

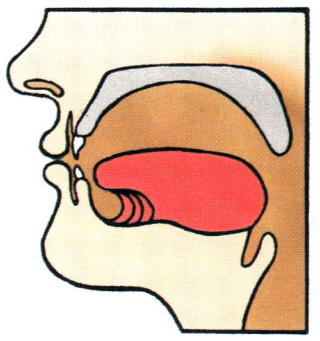
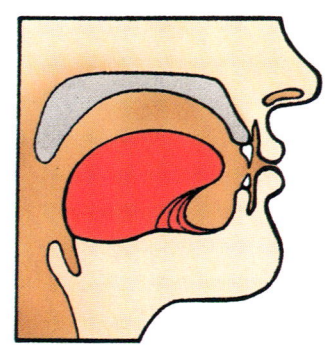

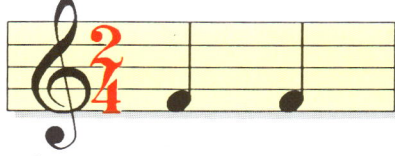

MÉTRICA
Al principio de la partitura, verás dos números; uno encima del otro. Esto se llama métrica. El número de arriba te indica cuántos pulsos hay por compás. El de abajo te dice qué duración tiene cada pulso. Tres de los signos más comunes aparecen aquí. Un tiempo de 2/4 tiene dos notas negras por cada compás, o su equivalente en notas con otros valores de duración.

Un tiempo de 3/4 tiene tres notas negras y se oyen en valses y demás música. 4/4, que contiene cuatro notas negras, también se le conoce como valor de tiempo común.

PRACTICA EL RITMO

Estos ejercicios incluyen diferentes métricas. Mientras los tocas, imagínate el tictac de tu reloj e intenta tocar la duración justa de la nota. ¡Podrías hacer con las palmas el ritmo antes de tocarlo!

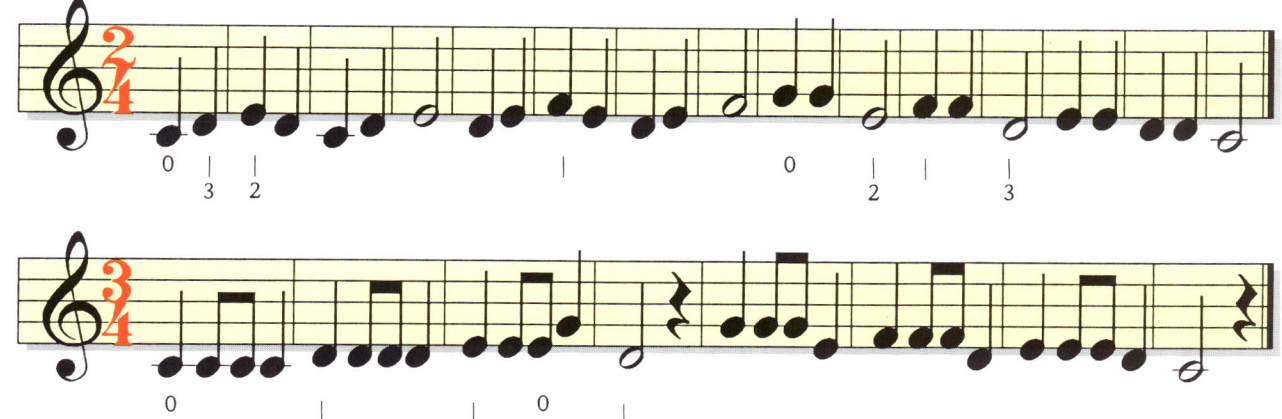

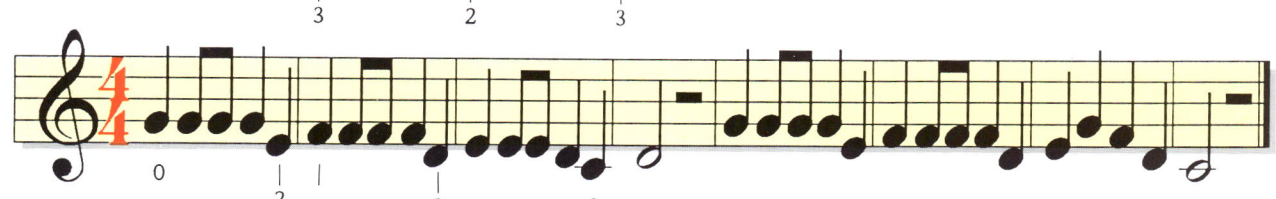

TRABALENGUAS

Las notas que se tocan rápidamente pueden sonar muy emocionantes. Éstas se logran usando dos o tres golpes de lengua. Si dices "taka" repetidas veces, generarás una serie de sonidos y notas rápidas. Acá usas doble golpe de lengua. Si dices "tataka" repetidamente obtendrás el mismo resultado pero en grupos de tres. Acá usas tres golpes de lengua. El trompetista Wynton Marsalis (izquierda) utiliza los dos métodos.

Respiración

Una de las cosas más importantes al tocar la trompeta es la respiración. Esto te puede sonar extraño, pues, respiramos todo el tiempo. Pero, así como el motor le proporciona la fuerza a un coche, tu suministro de aire le proporciona la fuerza a tu trompeta.

Levanta tu mano hacia tu boca y tose. Notarás que el aire sale a gran velocidad. Coloca tu otra mano sobre tu estómago. Sentirás que lo empujas hacia arriba. Ahora piensa que estás soplando las velas de tu torta de cumpleaños. Respira profundo y déjalo salir tan rápido como puedas. Asegúrate de sentir que empujas tu estómago hacia arriba. Sigue haciendo esto hasta que te acostumbres a la cantidad de aire que entra y sale. ¡Puedes inflar un globo para ensayar más! Colócate en un sitio donde puedas ver un reloj. Toca las notas que hay a continuación sosteniéndolas el mayor tiempo que puedas. Respira profundo y mantén el sonido uniforme. ¿Podrías mejorar el sonido?

16

MALOS HÁBITOS

Es importante evitar malos hábitos cuanto más te acostumbras a tu trompeta. Debes sentarte o pararte correctamente, manteniendo tus hombros y espalda rectos (ver página 7). Sostén la trompeta adecuadamente (página 6). Utiliza solamente las yemas de tus dedos para presionar las válvulas. Asegúrate de que tu embocadura está bien centrada (página 8). Siempre comienza las notas clara y nítidamente (página 14).

TOCA EN PÚBLICO

Cuando por fin des tu primer recital, acuérdate de respirar profundamente aun antes de comenzar. Concéntrate en la música, y no te inquietes si cometes un error. ¡Eres humano!

THOMAS HARPER (PADRE E HIJO)

Los dos músicos de trompeta natural más reconocidos durante el siglo XIX en Inglaterra fueron los dos Thomas Harper. Thomas Harper (padre) era muy solicitado para tocar desde 1806, y se presentó en los principales conciertos y festivales de Londres. Thomas Harper (hijo), a la derecha, siguió los pasos de su padre y también se convirtió en una celebridad. Ambos músicos tocaban una versión de la trompeta natural conocida como *trompeta bomba*.

17

Bemoles y sostenidos

Las ocho notas en la escala de la página 11 son notas naturales: las teclas blancas en un piano. Esa escala está en do mayor porque empieza en do. Las escalas que empiezan con otras notas usan sostenidos y bemoles: las teclas negras de un piano.

A la izquierda se muestra el signo de sostenido. Un
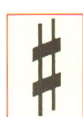
sostenido eleva medio tono la altura de una nota. Debajo de éste encontrarás el símbolo de bemol que disminuye medio tono la altura de una nota. A veces se

escriben los símbolos de sostenidos y bemoles en la armadura, cerca de la clave. Esto indica la tonalidad en la que se basa la pieza.

Si no ves signos de bemol o sostenido, eso quiere decir que la tonalidad es do mayor.

En la segunda línea de abajo, la clave es sol mayor, con fa# en la armadura.

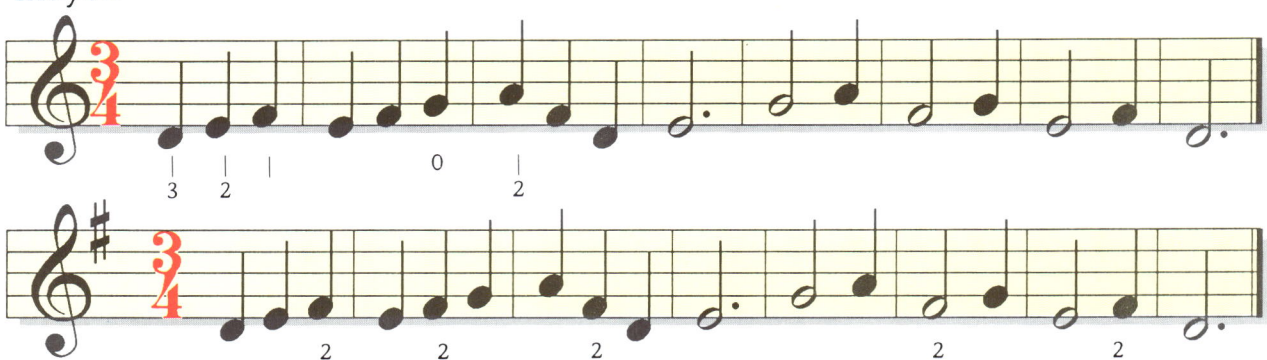

Cada tonalidad mayor tiene una relativa menor. El primer ejercicio de abajo está en fa mayor y el segundo en re menor. Ambos tienen si bemol (b).

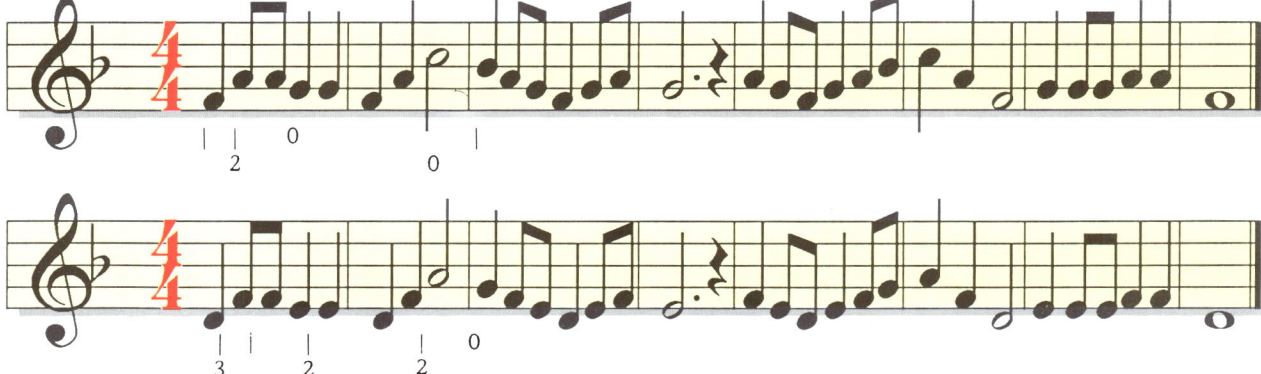

ARMADURAS

 Los bemoles y sostenidos en la armadura no aparecen en la música por sí sólos. Las escalas de re mayor y si menor contienen fa# y do# en la armadura.

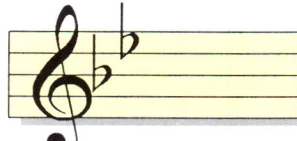 La escala de si *b* mayor y sol menor contienen si *b* y mi *b* en la armadura. Acuérdate de tocar estas notas con bemol.

Ensaya los ejercicios a continuación prestando atención a la armadura.

Identifica si están en tonalidad mayor o menor.

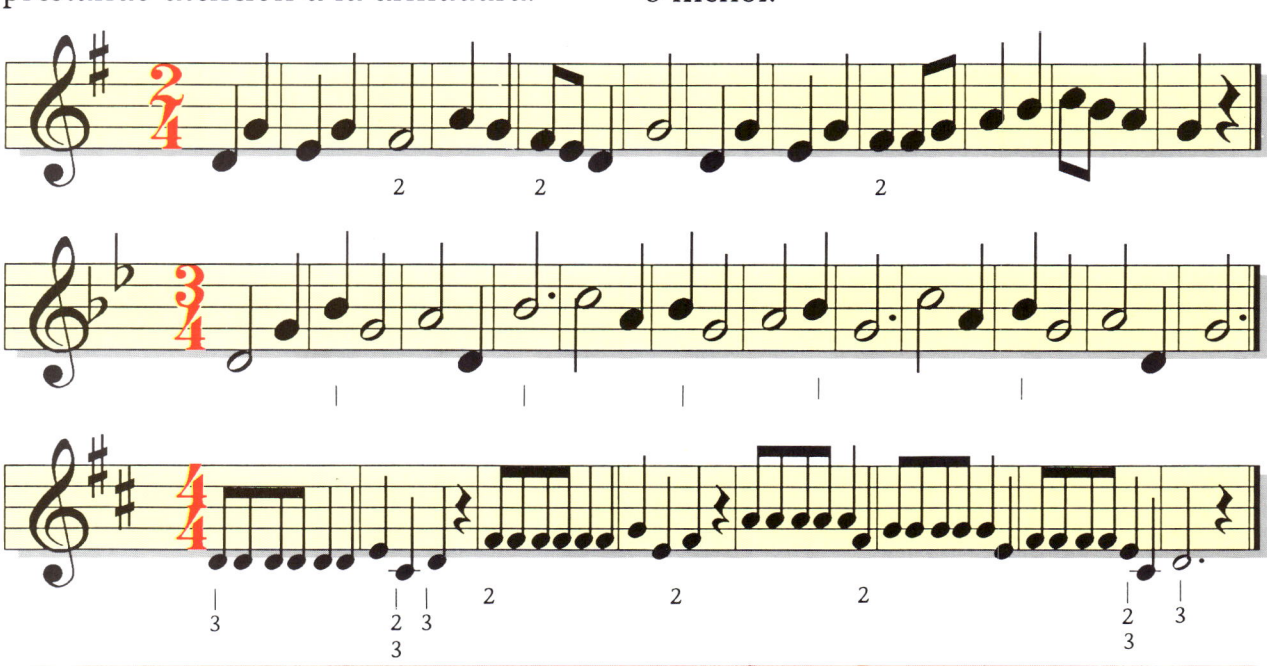

MAYOR Y MENOR

En la Edad Media, los monjes utilizaban escalas o *modos* primitivos en las iglesias cristianas. Los monjes solían cantar una sola línea melódica sin acompañamientos. En el siglo XIII, la música se cantaba en dos o más partes. Nació lo que hoy llamamos *armonía*. Varios de los modos fueron desapareciendo hasta quedar sólo las escalas mayores y menores que conocemos hoy.

Digitación

A pesar de tener sólo tres válvulas, la trompeta puede generar sonidos basados en diferentes combinaciones de las válvulas. Algunas de ellas son muy sencillas. Otras son un poco más complejas y toman más tiempo en acostumbrarse. Mueve tus dedos rápida y suavemente logrando una nueva combinación de válvulas. ¡Asegúrate de no tocar la nota cuando la válvula esté medio oprimida!

LOS MÚSCULOS DE LA MANO

Sostén la trompeta con tu mano derecha como se muestra en el dibujo, y oprime la primera y segunda válvula, alternadamente. Esta digitación es sencilla. Si tratas de hacer este cambio con la segunda y tercera válvula, verás que es más difícil. Esto sucede porque tu tercer dedo casi nunca se usa por separado y es más débil que los otros. El ejercicio de abajo te ayudará a ensayar estos cambios difíciles en la digitación. Fíjate que el valor de tiempo es de 3/4, con tres notas negras por compás. Los sostenidos de do en la armadura te indican que la tonalidad es re mayor o si menor. Toca la música y averigua qué tonalidad es.

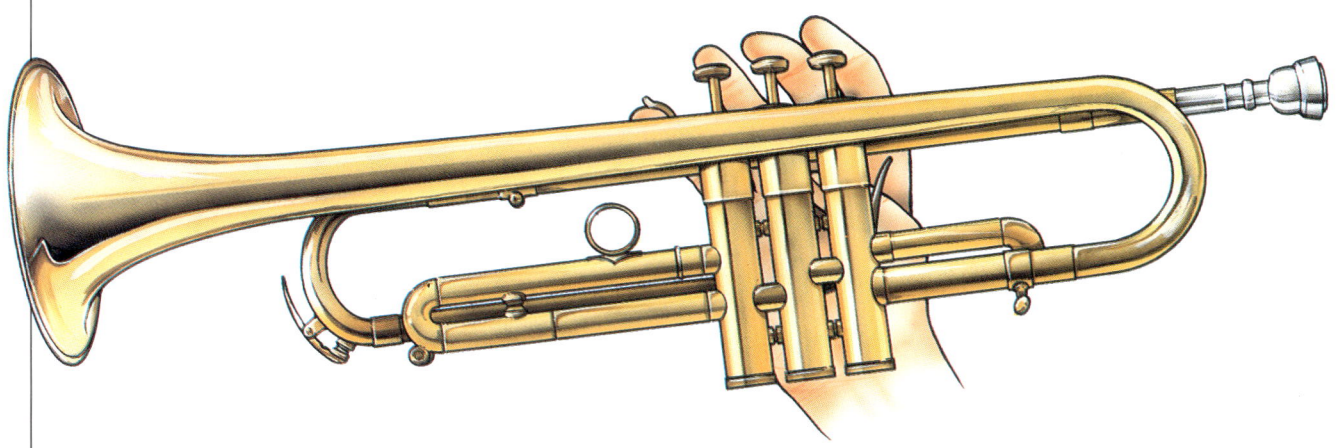

LO QUE DEBES Y NO DEBES HACER

Mantén tu mano derecha tan relajada como puedas. Usa las yemas de tus dedos para presionar las válvulas. Nunca uses la parte opuesta a tus nudillos. Siempre presiona la válvula con rapidez y suavidad. Presiona las combinaciones de válvulas al mismo tiempo. Asegúrate de que las válvulas estén totalmente oprimidas antes de *atacar* la nota.

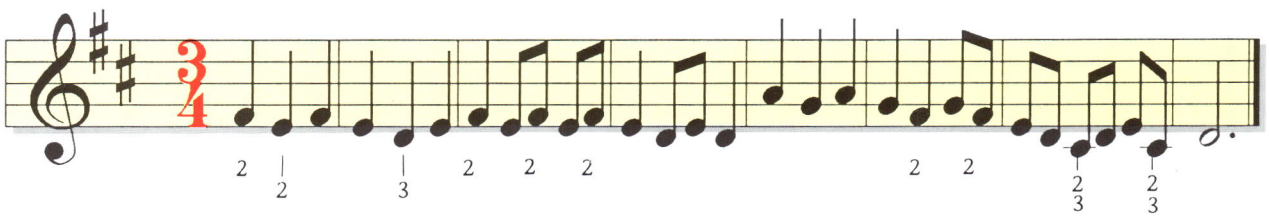

PRIMERA Y TERCERA BOMBAS

Algunas trompetas tienen bombas movibles en la primera y tercera válvula, debido a que algunas de las notas que tocamos pueden estar desafinadas. Si usamos estas bombas, podemos cambiar la afinación del instrumento al tocar las dos válvulas.

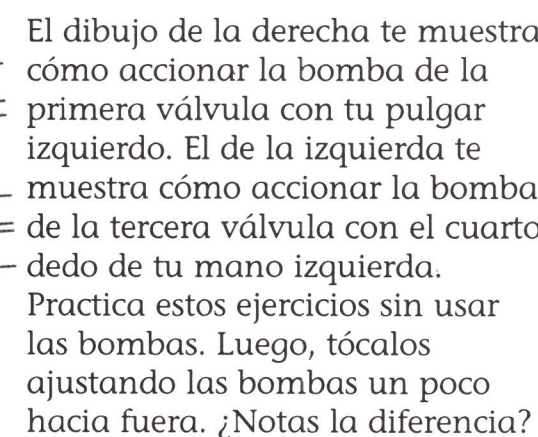

El dibujo de la derecha te muestra cómo accionar la bomba de la primera válvula con tu pulgar izquierdo. El de la izquierda te muestra cómo accionar la bomba de la tercera válvula con el cuarto dedo de tu mano izquierda. Practica estos ejercicios sin usar las bombas. Luego, tócalos ajustando las bombas un poco hacia fuera. ¿Notas la diferencia?

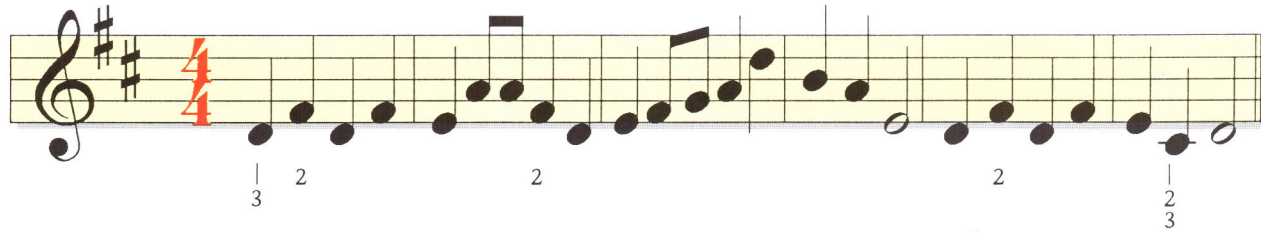

LA TROMPETA DE JAZZ

Desde comienzos del siglo XX, la trompeta ha desempeñado un papel importante en la evolución del *jazz*. Entre los grandes intérpretes de *jazz* se encuentran Bix Biederbecke, un cornetista famoso en la década de los años 20; Dizzy Gillespie, a la derecha, desarrolló en el decenio de los años 40 el estilo de *jazz* conocido como "*Bepop*". En la década de los años 50, el trompetista Miles Davis inventó un *jazz* más calmado el cual influyó a otro gran trompetista: Chet Baker.

Rutina de estudio

Se debe establecer una rutina de estudio para la trompeta. No deberías pasar horas ensayando: es más práctico si ensayas un corto tiempo cada día. Debido a que los trompetistas usan una parte muy sensible de su cuerpo, su boca, debes hacer el *calentamiento* adecuado.

PRÁCTICA REGULAR
Tu rutina diaria debe incluir un *calentamiento*, algunas escalas, la música que decida tu maestro, y la música que de verdad te gusta tocar. Puedes calentar, y mejorar tu sonido y resistencia, tocando notas largas. Respira profundo a ver si puedes mantener una nota durante 16 segundos. Si te resulta fácil, intenta por 20, 30 y hasta 40 segundos.

Tus notas largas deben formarse como se ve aquí, empezando suavemente, incrementando a más fuerte, y luego suavemente de nuevo. El ejercicio a continuación también va de más suave a más fuerte a más suave otra vez, como lo indican los símbolos reguladores de dinámica que parecen horquillas.

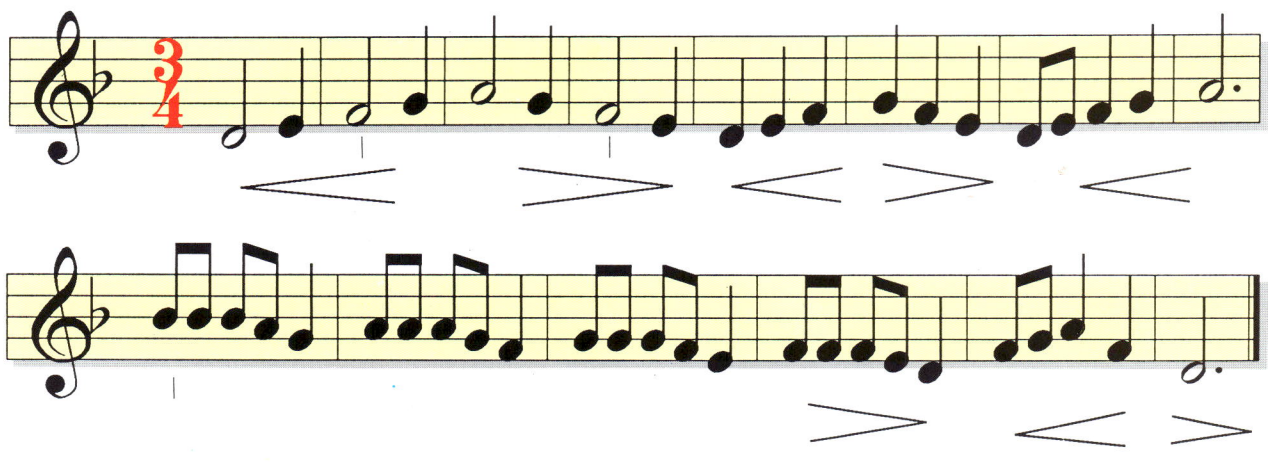

22

TOCA UNA MELODÍA

Cuanto más tiempo ensayes, podrás durar más antes de cansarte. Con el tiempo, intenta tocar melodías o piezas que tengan mayor duración. Intenta la siguiente pieza con métrica de 3/4.

CANCIÓN DE CUNA DE BRAHMS

CÓMO SE FABRICA UNA TROMPETA

Tradicionalmente, todas las trompetas eran fabricadas por artesanos, quienes le daban la forma ensanchada al pabellón golpeándolo contra algo llamado mandril. Las válvulas tenían que abrirse con las dimensiones correctas y luego se le hacían las roscas con mucho cuidado. Los tubos que conectan al pabellón y a las válvulas se doblaban calentando el metal y dándole la forma adecuada. En la actualidad, este proceso es mecánico, pero aún existen algunos artesanos como Martin Lechner, derecha, quien usa métodos tradicionales.

Tocar acompañado

Hasta ahora solo has tocado música para una trompeta. Sin embargo, la diversión comienza cuando tocas con alguien más. Una pieza musical para dos personas se llama dueto. Si tienes algún amigo que está aprendiendo a tocar la trompeta (o cornetín o hasta un clarinete), ensaya los siguientes ejercicios. Las dos partes deben tener el mismo sonido.

TOCA EN DUETO

Cuando tocas en dueto, debes estar pendiente de tu propio sonido, así como del sonido de tu compañero.

Asegúrate de que toquen las notas al mismo tiempo y que estés afinado con tu pareja.

Coloca el atril entre los dos músicos.

Cuenta para poder empezar, e intenta terminar al mismo tiempo.

CANON

Se le llama un *ensamble* a cuatro o más músicos tocando juntos. El ejercicio a continuación, un *canon*, puede ser interpretado hasta por seis personas. Los músicos se unen uno por uno, cada cual comenzando la pieza dos compases después del anterior. La C mayúscula indica una métrica 4/4.

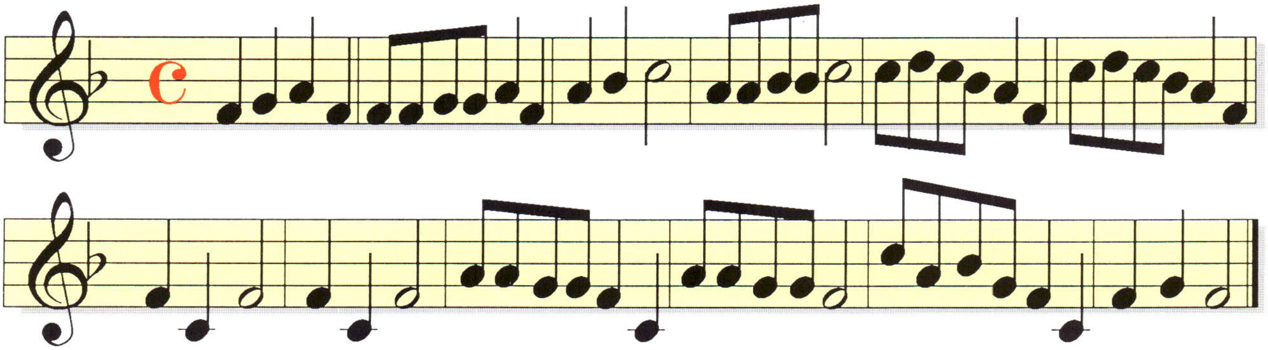

SORDINAS

Una sordina es un dispositivo que se coloca dentro del pabellón para alterar el sonido y suavizarlo. Tres de las sordinas más comunes son la sordina *recta*, la sordina *de copa* y la sordina *harmon* o *wow-wow*. La sordina *de chupa* y la sordina *balde* a veces se utilizan en *jazz* para darle un sonido único.

sordina balde

sordina de copa

sordina recta

sordina de chupa

sordina harmon

El mundo de la trompeta

La trompeta es un instrumento muy versátil empleado en varios tipos de música. Se escucha en el *jazz*, que nació en Nueva Orleans a principios del siglo XX. También la encontramos en bandas militares y de baile, y proporciona uno de los sonidos más especiales de la orquesta. Su pariente, la corneta, se necesita para el sonido de la banda de metales.

BANDA DE *JAZZ*
Las influencias francesa, española, inglesa, italiana y eslovaca se unieron en los comienzos del *jazz*. En una banda de *jazz*, la corneta o la trompeta, el clarinete y el trombón pueden proporcionar la melodía, y se les acompaña con otros instrumentos de cuerda o de metal.

LAS *BIG BANDS*
Un desarrollo importante en el *swing* de la década de los años 30 fueron las *big bands*. Consistían en extensas secciones de trompetas, trombones y saxofones. El piano y la batería se sumaban a la melodía y al ritmo. El *jazz* se popularizó gracias a las *big bands*.

LA ORQUESTA

La sección de metales en una orquesta consta de dos a cinco trompetas. Depende de la cantidad que el compositor desee para interpretar la pieza. En el siglo XVIII, Mozart y Haydn compusieron para sólo dos trompetas. En los siglos XIX y XX, Mahler y Stravinsky compusieron para cinco y hasta seis trompetas.

TROMPETAS DE FANFARRIA

Las trompetas de fanfarria se usan en ocasiones ceremoniales. Su sonido brillante y llamativo se debe a su forma elongada. La bandera que a veces cuelga de ella es para efectos visuales y no interfiere en la calidad del sonido.

BANDAS MILITARES

La sección de metales en una banda militar tiene trompetas, cornetines, cornos franceses, eufonios, trombones y tubas. La banda también tiene una sección de vientos de madera con oboes, flautas, clarinetes, fagotes y saxofones.

LA CORNETA Y LA BANDA DE METALES

La corneta apareció con la invención de las válvulas y se convirtió en un instrumento preferido por los intérpretes. En las bandas de metales que surgieron durante el siglo XIX, en Inglaterra, fue un pasatiempo para los mineros. La banda de metales consiste de alrededor de 25 músicos tocando cornetas, cornos en fa, cornos tenor, eufonios y bajos.

La trompeta y los metales

Tu trompeta pertenece a una familia extensa de trompetas a las que se les nombra dependiendo de la nota que corresponda en un piano. Probablemente tu trompeta sea una trompeta en si bemol; también existen trompetas en do, en re y así sucesivamente. Cuanto más agudo sea el sonido, más corta será la trompeta.

Intenta lo siguiente en un piano. Toca la primera nota al aire en la escala de la página 11, el do central, de tu trompeta. Ahora toca si bemol en el piano, o le pides a alguien que lo haga por ti. Las notas deberían sonar igual en ambos instrumentos. La nota do en la trompeta equivale a si bemol en el piano, por eso tu trompeta se llama una trompeta en si bemol. Una trompeta en mi bemol que toque la misma nota abierta sonaría igual que mi bemol en un piano.

TROMPETA EN DO

TROMPETA PICCOLO 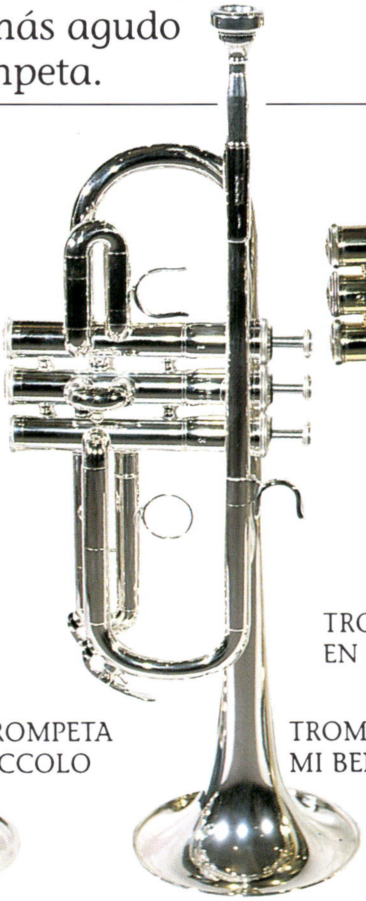   TROMPETA EN MI BEMOL

TROMPETA DE VÁLVULA ROTATIVA

Las trompetas que más se utilizan en Estados Unidos y en Inglaterra se conocen como trompetas de pistón. El nombre se refiere al tipo de válvula en el instrumento usada para generar una mayor tesitura de sonidos. En cambio, en Austria y Alemania se emplean las trompetas de válvulas rotativas. Se asemejan a las válvulas de un corno francés. A pesar de que su apariencia es distinta a las trompetas de pistón, las válvulas rotativas se tocan exactamente igual.

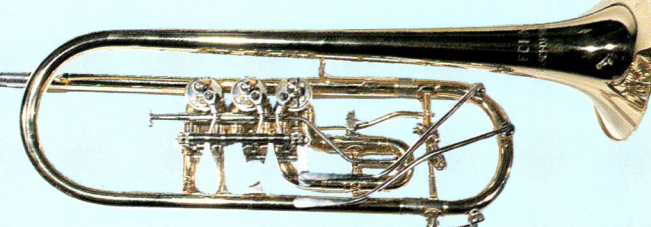

LA FAMILIA DE LOS METALES

El eufonio (derecha) produce un sonido cálido, profundo y lírico. **El trombón** (abajo) es el único instrumento de metal moderno que tiene una bomba para generar un gran número de notas.

El sousafón fue inventado por John Philip Sousa para las bandas marciales. **La tuba** (abajo) es otro gran miembro de la familia de los metales. Fue inventado hace 150 años para las bandas militares rusas.

El corno francés desciende del cuerno de caza. Si se estira su tubo, mediría cerca de cinco metros. El músico coloca una mano dentro del pabellón para alterar el sonido.

El corno tenor se usa generalmente en una banda de metales, donde su sonido cálido y suave le añade color. En las bandas de metales, podrás ver tres o cuatro trompas tenor.

LOUIS ARMSTRONG

Louis Armstrong fue una de las influencias más importantes en la historia del *jazz*. Aprendió a tocar estando en el reformatorio (lo arrestaron por disparar balas de salva en la calle). Pronto lo contrataron como cornetista, y al cabo de un tiempo formó su propia banda. Ha sido fuente de inspiración de muchos músicos.

Compositores y trompetistas

La trompeta natural ha existido por varios siglos. Pero sólo hasta el siglo XVII los compositores comenzaron a escribir música para trompeta como instrumento lírico. En los últimos trescientos años, el repertorio para este instrumento ha crecido. Luego de la invención de la válvula, las composiciones para trompeta son cada vez más variadas.

JS Bach

Antes de la invención de la válvula, en el siglo XIX, los compositores se veían limitados por las notas que podían escribir para la trompeta, especialmente cuando el instrumento se registraba en un tono bajo. Sin embargo, se dieron cuenta de que si la trompeta se tocaba en su registro más alto se podían generar más notas. Los compositores del período barroco (siglo XVII principios del siglo XVIII) sacaron partido de esta característica y por eso el sonido de la trompeta alta es tan común en esta época musical. **Giuseppe Torelli** (1658-1709) fue uno de los primeros en utilizar este estilo en sus composiciones. Compuso conciertos, sinfonías y sonatas para trompeta. **Antonio Vivaldi** (1676-1741) compuso 400 conciertos para varios instrumentos.

Richard Wagner

Para los trompetistas, una de las mejores obras es su *Concierto para dos trompetas*, el cual está considerado una de las piezas más representativas en el repertorio para este instrumento.
Mientras estos dos compositores escribían en Italia, **Georg Philipp Telemann** (1681-1767) lo hacía en Alemania. Entre sus composiciones se encuentran varios conciertos y suites para trompeta. Los dos compositores que perfeccionaron el arte de la trompeta alto fueron **Johann Sebastian Bach** (1685-1750) y **Georg Frideric Handel** (1685-1759). A menudo incluían dos o tres trompetas en sus cantatas, oratorios, óperas y demás obras orquestales. Algunas de ellas representan las más bellas

Gustav Mahler

Bix Biederbecke

composiciones escritas para trompeta hasta el día de hoy.
A finales del siglo XVIII y principios del XIX, los fabricantes comenzaron a experimentar con las válvulas y con trompetas de diferentes clases. Como resultado se compusieron dos magníficos conciertos para la *trompeta de válvulas*. Uno era de **Joseph Haydn** (1732-1809) y el otro de **Johann Nepomuk Hummel** (1778-1837).
En el siglo XIX, compositores como **Hector Berlioz** (1803-69), **Richard Wagner** (1813-83), **Gustav**

Chet Baker

Mahler (1860-1911) y **Maurice Ravel** (1875-1937) compusieron música maravillosa para trompeta.
A principios del siglo XX, la trompeta con válvulas era una institución en los compositores e intérpretes por igual. Compositores como **Bohuslav Martinu** (1890-1959), **Jacques Ibert** (1890-1962) y **Paul Hindemith** (1895-1963) escribieron música para trompeta y piano. Los compositores contemporáneos **Harrison Birtwistle** (nacido en 1934) y **Peter Maxwell-Davis** también han escrito conciertos para trompeta solista y orquesta.

TROMPETISTAS

A lo largo de los últimos 300 años ha habido incontables intérpretes *virtuosos* de la trompeta. El siglo XVIII tenía intérpretes como **Johann Ernst Altenburg** quien también era compositor y **Anton Weidinger**, trompetista vienés y uno de los primeros en interpretar los conciertos de Haydn para trompeta. Durante el siglo XIX, en Inglaterra, **Thomas Harper**, padre e hijo, fueron los dos trompetistas más reconocidos, en especial tocando la trompeta inglesa con bomba. En Francia, **Jean-Baptiste Arban** y **Herbert Clarke** en Norteamérica obtuvieron gran reconocimiento como trompetistas. Los intérpretes más sobresalientes de este siglo son **Bix Biederbecke, Maurice Andre, Adolph Herseth, Hakan Hardenberger,**

Hugh Masekela

Miles Davis y **John Faddis**. Entre los trompetistas de *jazz* encontramos a **Louis Armstrong, Chet Baker,** y más recientemente a **Hugh Masekela.**

GLOSARIO

altura: qué tan aguda o grave es una nota.
armónicos o serie armónica: serie de notas que pueden ser tocadas usando la misma válvula o las mismas válvulas, o como notas naturales sin usar válvulas.
bemol: disminuye una nota medio tono.
clave: indica la altura de las notas en una partitura.
embocadura: la forma de los labios para ponerlos en la boquilla.
escala: la secuencia fija de notas en la cual se basa casi toda la música.
natural (becuadro): nota que no tiene ni bemol ni sostenido.
octava: un intervalo de ocho notas naturales. Dos notas separadas por una octava tienen el mismo nombre.
pentagrama: cinco líneas horizontales en donde se escribe música.
silencio: un pulso mudo.
sordina: dispositivo que reduce y altera el sonido de un instrumento.
sostenido: aumenta medio tono a una nota.
tonalidad: indica la escala mayor o menor en la cual se escribe la música.
válvula de pistón: un dispositivo que permite que el aire dentro de la trompeta pase de largo hacia la válvula, pero al ser presionada desvía el aire hasta el tubo denominado bomba.
válvula rotativa: un dispositivo que permite que el aire pase a lo largo de la válvula, pero también puede desviarlo 45 grados al rotarla.

ÍNDICE

altura 5, 10, 14, 18, 31
armaduras 18, 19
armonía 19
Armstrong, Louis 29, 31

Bach, Johann Sebastián 9, 30
Baker, Chet 21, 31
bandas de metales 26, 27
bandas marciales 26-7
becuadros 18, 31
bemoles 18, 19, 31
Berlioz, Hector 13, 30
Biederbecke, Bix 21, 30, 31
Big bands 26
bombas 5, 7, 21
boquilla 5, 6

canon 25
clarinete 24, 26
clave de sol 10
combinaciones de válvulas 20
comienza a tocar 9
compases 10
compositores 30-1
conciertos 11, 30
conjuntos 25
corchea 12
corneta 24, 26, 27
corno francés 4, 27, 28, 29
cornos 9
cuida tu trompeta 7

Davis, Miles 21, 31

digitación 20
disminuyendo la altura 5
doble golpe de lengua 15
duetos 24

embocadura 8, 9, 17, 31
ensayando 22, 23
escalas 11, 18, 19, 31
eufonio 27, 29

familia de las trompetas 28
familia de metales 4, 29

Gillespie, Dizzy 21

Handel, Georg Frideric 9, 30
Harper, Thomas (padre e hijo) 17, 31
Haydn, Joseph 11, 27, 30
historia de la trompeta 9, 13

jazz 15, 21, 26, 29

lengua 14, 15
limpia tu trompeta 7
lubrica las válvulas 7

Mahler, Gustav 13, 27, 30, 31
Marsalis, Wynton 15
métrica de 4/4 14
modos 19

notas 9, 10-11, 12, 14, 15, 17, 18, 21, 22

notas blancas 12
notas largas 12, 22
notas negras 12
notas redondas 12

octavas 11, 31
orquestas 27

pabellón 4, 5, 7, 23, 25
partes de la trompeta 4
partituras 10
pentagrama 10, 31
postura de pie 7, 17
postura relajada 6, 7, 20
postura sentado 7, 17
produce notas 14

Ravel, Maurice 13, 31
respiración 16
ritmo 12, 15
rutina de calentamiento 22

signos de duración 14
silencios 13, 31
sordina balde 25
sordina de chupa 25
sordina de copa 25
sordina *harmon* 25
sordina recta 25
sordinas 6, 25, 31
sostén tu trompeta 6, 17
sostenidos 18, 19, 31
sousafón 29

Telemann, Georg Philipp 30
toca en público 17
tocar acompañado 24-5
tonalidad 18, 19, 31
tonalidad mayor 18
tonalidad menor 18
Torelli, Giuseppe 30
triple golpe de lengua 15
trombón 4, 26, 27, 29
trompa tenor 27, 29
trompeta de bomba 17
trompeta de fanfarria 27
trompeta de pistón 28
trompeta de válvula rotativa 28
trompeta natural 9, 30
trompetas fabricadas a mano 23
trompetistas 31
tuba 4, 27, 29

válvulas 5, 7, 9, 13, 20, 23, 28, 30
válvulas de pistón 28, 31
válvulas rotativas 28, 31
versatilidad 26
Vivaldi, Antonio 30

Wagner, Richard 13, 30-1

zumbido 8, 9

Créditos Fotográficos
Abrev.: i-izquierda, d-derecha, a-abajo, n-arriba, c-centro, m-medio, f- fondo
Portada ac, 6 todas, 7 todas, 8, todas, 9n, 10, 16 ambas, 17n, 18, 22, 24, 25 ambas, 27 ai, 28 ambas, 29n,—Roger Vlitos. Portada f-Digital Stock. 9 a, 19-Biblioteca Fotográfica Mary Evans. 11, 13, 26 a, 29 a, 30n, 31n-Frank Spooner Pictures. 17m, 21, 27 ad-Eye Ubiquitous. 17 a, 30nd, 30m-Royal College of Music.23-Lechner. 27 a, 27mi-Biblioteca Fotográfica J. Allan Cash. 27md, 31 a-Topham Picture Source.